FRANCIS WEY

EN VENTE CHEZ LE MÊME LIBRAIRE

CONFESSIONS

DE MARION DELORME

PAR EUGÈNE DE MIRECOURT

60 livraisons à 25 centimes, avec gravures.

18 fr. l'ouvrage complet par la poste.

Paris. — Typ. de Gaittet et Cie, rue Git-le-Cœur, 7.

FRANCIS WEY

Publié par G. HAVARD. *Imp. de Mangeon, 67 r. S.t Jacq. Paris.*

LES CONTEMPORAINS

FRANCIS WEY

PRÉCÉDÉ

D'UNE LETTRE A EUGÈNE SUE

PAR

EUGÈNE DE MIRECOURT

PARIS

GUSTAVE HAVARD, ÉDITEUR

BOULEVARD DE SÉBASTOPOL

rive gauche

1858

A M. EUGÈNE SUE

Paris, 6 octobre 1855.

Monsieur et grand Socialiste,

Vous avez emprunté les colonnes d'une gazette savoyarde pour y insérer, au sujet de votre biographie, une réfutation très-violente, si j'en crois les bruits qui circulent.

Il est fâcheux que cet article, signé de vous, ne soit point encore entre mes mains. J'aurais eu grand plaisir, je vous le jure, à le communiquer à mes lecteurs.

Toutefois, ils n'y perdront rien pour attendre.

Puisque les journaux où vous daignez me combattre ne peuvent passer la frontière, il se trouvera bien à Chambéry, ou dans quelque autre ville des États sardes, un honnête homme, ami des saines doctrines, qui enverra chez mon éditeur, bien mystérieusement et sous enveloppe, vos lignes agressives, afin que je puisse en prendre connaissance.

Je compte même, il faut l'avouer, sur le présent avis pour obtenir plus sûrement et plus vite l'article dont il est question.

Mais, entre nous, la main sur la conscience, quel peut être, monsieur, le sujet de votre colère et de vos plaintes?

Attendiez-vous mes louanges?

Pensiez-vous que j'allais citer vos livres comme des modèles de bon goût et de beau style?

Me jugiez-vous assez timide, ou assez indifférent aux intérêts de la morale, au repos de la France, pour ne pas attaquer vos funestes et déplorables œuvres?

De telles illusions ne pouvaient, sous aucun prétexte, vous traverser l'esprit.

Alors, pourquoi me répondre?

Est-ce pour démentir des faits? Je prouverai l'authenticité de tous ceux que votre biographie renferme. Est-ce pour établir la sincérité de vos convictions? Hélas! vous n'y arriverez point! Votre existence tout entière est là, derrière vous, comme un rocher qui vous écrase.

Il me faut cet article savoyard, il me le faut à tout prix.

Mes lecteurs sont en éveil, il n'y a plus à s'en dédire.

Comment se fait-il, monsieur, que vous n'ayez pas eu le courage de me l'envoyer vous-même?

Prenez garde! on dira que vous craignez la riposte.

Depuis quinze jours et plus, j'ai écrit une lettre fort pressante au rédacteur en chef de la *Gazette de Savoie*, pour obtenir de lui le texte de votre réfutation.

Nécessairement il en a connaissance.

Lui commandez-vous de faire le mort et de ne pas accéder à ma requète?

Vous le voyez, je joue cartes sur table.

Il serait trop curieux que vous eussiez la prétention de me cacher les vôtres, et de me réfuter à la sourdine, à cinq ou six cents kilomètres de distance.

Même en écartant le roi, par principe, vous gagneriez trop aisément la partie.

Soyez bien convaincu, monsieur et grand socialiste, de la résolution ferme, tenace, inébranlable, que j'ai prise de longue date, et à laquelle je ne renonce pas, de démasquer tous les apôtres du mensonge, et de ne jamais leur laisser le dernier mot, quoi qu'il m'en coûte.

EUGÈNE DE MIRECOURT.

FRANCIS WEY.

Inexorable devant les positions dues au charlatanisme, devant les fausses gloires, établies sur l'exploitation ou sur de lâches manœuvres politiques, nous aimons à chercher le vrai talent dans l'ombre ou dans le silence du travail.

S'il nous est donné parfois d'attirer le

regard sur des hommes qui ont dédaigné de battre eux-mêmes la caisse à leur bénéfice, et si nous arrivons à leur gagner la sympathie de nos lecteurs, nous sommes heureux d'une action qui fait dire de nous :

« Il critique ceux qu'il pourrait craindre; il ne loue que ceux qu'il estime. »

Plus ou moins applicables à un certain nombre de nos *Contemporains*, ces réflexions le sont tout à fait au littérateur sur lequel nous appelons aujourd'hui l'attention.

Francis Wey est d'origine allemande.

Son bisaïeul, bourgmestre d'une ville du Palatinat, fut banni à la suite de l'entreprise de Louvois. Il chercha refuge en France. Accompagné de plusieurs de ses parents, il vint s'établir dans la capitale de la Franche-Comté.

Le commerce avec les Indes enrichit bientôt cette famille.

Peu de temps avant 89, le grand-père de Francis, victime de la sotte jalousie du parlement bisontin, et menacé de perdre en dernier ressort un procès ruineux, recourut à l'intervention royale. M. de Malesherbes lui obtint une audience de Louis XVI.

Infirmant d'un trait de plume l'arrêt de la cour, le monarque fit triompher le bon droit.

Mais bientôt le pillage révolutionnaire absorba ce que n'avait pu saisir la chicane.

Le chef de la maison Wey fut dépouillé de ses biens et jeté dans les cachots. Un des oncles de Francis et son grand-père maternel périrent sous la hache de la Terreur.

Au retour des émigrés, la famille ne conservait plus que de médiocres débris de son ancienne opulence. Elle n'en rouvrit pas moins son salon, et Francis enfant put entrevoir, dans le cercle intime de sa grand'mère, quelque chose du ton charmant du dix-huitième siècle.

Cela contribua, comme on peut le

croire, à entraîner ses aspirations et ses goûts hors de la sphère des idées commerciales.

Il naquit à Besançon le 12 août 1812.

A l'âge de trois ans, il fut sauvé des roues d'une voiture qui allait l'écraser par l'illustre sœur Marthe Biget, cette héroïne chrétienne, décorée d'une foule d'ordres sous l'Empire, et à laquelle les rois légitimes, à leur retour, accordèrent le droit de grâce.

Le hasard donna pour maître d'écriture à l'enfant une sorte de Caligula pédagogique, nommé le père Voinin, qui eut successivement sous son impitoyable férule le père de Francis d'abord, puis Francis lui-même, et, entre ces deux générations, Charles Nodier.

Celui-ci, plus tard, observant la ressemblance de l'écriture de son jeune compatriote avec la sienne, s'écria :

— Bravo! Le père Voinin m'a souvent... trop souvent donné des verges. Mais, en revanche, il me rend aujourd'hui, sans le savoir, un fier service !

On était alors possédé de la manie des autographes.

Francis confectionna tous ceux qu'on demandait au célèbre académicien.

Notre héros fut envoyé au collége de

Poligny, petite ville assez pittoresque du Jura.

Le système d'éducation de cet établissement fantastique était assez baroque pour être résumé en quelques lignes.

Administré par des abbés, le pensionnat avait pour proviseur un jeune prêtre, qui, ne pouvant se consoler de ne point être colonel de cavalerie, tâchait de se faire illusion à cet égard.

Il disait la messe en bottes à l'écuyère et courait à cheval comme un centaure.

Parfois il lui prenait fantaisie de conduire son armée de collégiens dans les montagnes. On préparait des fourgons, e tout s'ébranlait.

Une musique militaire précédait le cortége.

Éperonnant sa monture, le proviseur trottait à côté comme un chef de brigade. Il avait donné l'ordre, avant le départ, de dessiner avec du fusain de magnifiques moustaches sous la lèvre de chaque écolier.

Cœur ardent, esprit gracieux, mais original à l'excès, l'abbé Reffay de Sulignan professait un mépris superbe pour les études classiques.

S'agissait-il de poésie, notre proviseur envoyait paître Racine fils, et même Racine père.

Il menait ses élèves, une belle nuit, par

un défilé sombre, en face des Alpes et du Mont-Blanc. Tout était combiné pour arriver à l'heure où les premiers rayons du soleil perçaient les blanches vapeurs des lacs.

Chacun se mettait à genoux; on entamait la prière, et l'abbé la couronnait par un beau discours.

Une fois, il éprouva le besoin de donner à ses élèves une maison de campagne.

Il acheta donc une sorte de ravin, un bois, des prés, le tout au revers d'une roche, et dominé par une masure à nicher des vautours. Ce terrain une fois acquis, et à très-bon compte, vu qu'on le jugeait impraticable, il donna trois mois de congé à ses élèves, pour créer des terrasses et rebâtir la maison.

L'Université grondait, mais elle n'empêchait rien.

Du reste, aussitôt qu'on annonçait l'arrivée des inspecteurs, l'abbé se présentait dans les classes, rappelait aux élèves tout ce qu'il avait fait pour les rendre heureux, et leur demandait, en retour, deux ou trois semaines de travail acharné pour sauver l'honneur de l'établissement.

La reconnaissance enfantait des prodiges.

Après sept ou huit ans de cette éducation aventureuse, Francis Wey se trouvait tout juste de force à entrer en cinquième dans un collége royal.

Or il venait de terminer sa seconde.

Comme il dénichait assez bien les aigles, appliquait le coup de poing avec précision, vidait d'un seul trait une bouteille, et bâtissait proprement un pan de mur, il croyait n'avoir plus rien à apprendre.

Sa famille, qui n'était pas d'humeur à laisser, faute d'hoirs-mâles, s'éteindre une dynastie commerciale, âgée de plus de cent ans, le condamna tout aussitôt à aligner des chiffres.

Notre sauvage élève de Poligny, cloîtré dans la fabrique paternelle, regretta ses années de bohème.

Échappant quelquefois à son esclavage, il courait chercher l'ombre des forêts ou la solitude des rochers. L'aspect de la nature avait pour lui des charmes indicibles.

Par malheur, on ne lui permettait pas de la contempler souvent.

Quinze mois s'écoulèrent de la sorte, mais si lents et si tristes, que la santé du jeune homme s'altéra.

Chaque jour il s'effrayait de plus en plus du vide creusé dans son âme par la carrière qu'on lui avait choisie. Prenait-il un livre, écoutait-il de la musique, ébauchait-il un dessin, la tristesse s'envolait comme par enchantement.

Francis comprenait qu'on fût prêtre,

soldat, magistrat, professeur et même brigand romantique, à la façon de Charles Morr ou des paladins de l'Arioste.

Mais l'idée de s'atrophier entre une copie de lettre et des machines lui donnait la fièvre.

Envoyé à Paris, en novembre 1830, afin de concourir pour l'École centrale des manufactures, il résolut de se soustraire à des projets de famille diamétralement en opposition avec ses rêves poétiques.

Le séjour de la capitale attisait en lui la soif ardente des occupations intellectuelles, sans toutefois lui inspirer encore l'audacieuse ambition de chercher une place parmi ces esprits d'élite, qu'il entrevoyait comme des demi-dieux sur les cimes d'un Parnasse inaccessible.

En ce temps-là florissait une jeunesse qui prenait, en hiver, dès après midi, la queue des Italiens, avec un morceau de pain dans sa poche pour l'heure du dîner.

Grâce à l'argent qu'il dérobait à ses repas, Francis entendit les chefs-d'œuvre de Mozart, de Gluck, d'Haydn, de Beethoven, de Rossini et de Meyerbeer.

Il sortait des Bouffes ou de l'Opéra la tête meublée de la partition; il la répétait, en errant le long des rues désertes, ne dormait pas afin de mieux la retenir, et la chantait, le lendemain, paroles et musique, à ses camarades de l'École centrale.

Peu d'écrivains modernes ont une éducation musicale supérieure à la sienne.

A vingt ans, Francis ignorait jusqu'à l'existence du métier littéraire.

Classant le goût d'écrire parmi les traditions perdues de l'ancien régime et les nobles distractions d'une société morte, il ne connaissait que de vieux livres. Jamais il n'avait ouï parler de Victor Hugo, et il pensait que Nodier, dont les jeunes étudiants vantaient les bals joyeux, était un conseiller d'État.

Mais, en dépit de son ignorance, il finit par écrire d'instinct, comme fleurissent les arbres, quand le soleil les échauffe et quand la séve a monté.

Le choléra de 1832 amena le licenciement de l'École centrale.

Francis alla passer quelques mois en Touraine chez un de ses cousins, M. Bacot de Romand.

Il trouva là des conseils et des livres, des traditions et des exemples.

Contemplant les vieux châteaux, disséminés sur les rives de la Loire et du Cher, il eut une première intuition de l'art et de la légende, et regagna la capitale avec un manuscrit en poche.

Mais comment arrivera-t-il à obtenir pour son œuvre les honneurs de la publicité?

Quelques amis lui donnent l'adresse de Mécène.

En 1832, Mécène habitait une chambre garnie sous les combles du Palais-Royal.

Par saint Jacques! il fallait le voir, coiffé de la casquette de Buridan, peigné en grève, et vêtu d'un triomphant pourpoint de velours de coton!

Mécène s'appelait Achille Ricourt.

Il était entouré d'une cohorte de jeunes écrivains, qui rédigeaient avec lui *l'Artiste.*

— Voyons, parle, enfant. Que veux-tu de nous? demanda-t-il à Wey, tout ahuri de se trouver soudainement au milieu d'une société de l'aspect le plus moyen âge.

On vit qu'il s'agissait d'une demande d'insertion dans le journal.

Mécène campa l'aspirant sur un tabouret trop haut, prit le manuscrit, entama la lecture avec une gravité burlesque, et la mystification commença.

Le malheureux Francis était sûr les épines.

Chacun jetait son lardon sous forme de louange excessive.

Un de ces grands littérateurs surtout, visage plein de bouffissure et de malice, houspillait le patient avec persistance.

— Janin, disait Ricourt, ne trouves-tu pas qu'il y a du Balzac là-dedans?

— Du Balzac? répondait l'autre; ah! mon cher, c'est bien pis!

— Tu as l'accent de Nodier, dit Ricourt à Francis; tu dois être de Besançon. Connais-tu Charles Fourier [1]?

— Sa grand'mère et une de mes tantes étaient cousines, répondit notre héros avec candeur.

Et Janin de s'écrier :

« Monsieur, je suis bâtard de votre apothicaire! »

Parmi ces illustres Gaudissarts de la

[1] Le grand prêtre du phalanstère était lui-même Franc-Comtois.

littérature romantique se prélassait Gustave Planche.

Francis le vit quitter son siége et se promener, d'un bout de la chambre à l'autre, avec une impatience nerveuse, écrasant sous le poids d'une pantomime expressive notre malheureux novice littéraire, qui songeait sérieusement à prendre la fuite et à laisser entre les mains de Ricourt le corps du délit.

Mais il fut retenu par ces paroles solennelles de Mécène :

— Ta machine est exécrable, et nous serons obligés de passer la nuit à la remettre sur pied. N'importe, elle passera !

Deux jours après, *l'Artiste* imprimait

cette machine, sans y changer un seul mot.

Ce premier triomphe, semé de déboires, décida de l'avenir de Francis Wey.

Son père eut beau lui intimer l'ordre de quitter Paris; sa vocation lui avait coûté trop de peine à trouver, pour qu'il y renonçât. Il ne se sentit pas le courage de l'obéissance.

Besançon lui coupa les vivres.

Ici commence pour lui, comme pour tant d'autres, une période inouïe de luttes, de travail et de misère.

Logé dans un galetas, au bout de la rue de Cléry, l'intrépide jeune homme se livre au travail nuit et jour, prenant à la fois connaissance des auteurs classiques et des écrivains modernes. Il travaille au lit, afin d'économiser le bois, et broche, pour vivre, quelques articles, destinés à un obscur recueil, intitulé *la Dominicale*, où il publie une série de monographies sur les paroisses de Paris.

Wey rencontre là souvent un confrère, plus novice que lui peut-être encore, et plus pauvre.

Ils se partagent les rares écus de *la Dominicale*.

Sans se connaître autrement que de vue, ils discutent avec frénésie des points de controverse religieuse, et se poussent des bottes théologiques extrêmement rudes.

Dix ans plus tard, la première fois que Francis Wey et Granier de Cassagnac s'aperçurent dans le monde, ils s'écrièrent ensemble :

— Tiens ! c'était donc vous ?

Fier jusqu'à la démence, Francis écrivait à sa famille qu'il était heureux. On attendait pour le secourir qu'il avouât sa détresse.

Le veau gras en province ou la vache enragée à Paris, on ne sortait pas de ce dilemme.

Sans argent et presque sans pain, le

jeune homme eut l'héroïsme de continuer deux ans cette vie de travail.

Il prit ses degrés de licence, fit tous les frais de ses examens, et fut reçu élève pensionnaire à l'École des chartes, en même temps qu'Eugène de Stadler, son collègue actuel à l'inspection générale des archives.

Sous le ministère de M. de Persigny, Francis Wey accepta cet emploi, pour lequel il a de surprenantes aptitudes.

Eugène de Stadler et lui remplissent une mission fort sérieuse pour les lettres. Ils surveillent et dirigent le classement des archives départementales, communales et hospitalières. Le gouvernement fait exécuter, par toute la France, des inventaires uniformes, d'après une méthode qu'ils ont établie[1].

Dès le commencement de 1833, notre héros avait éprouvé le désir de connaître deux de ses compatriotes, qu'il admirait de loin, et dont il dévorait les œuvres, Victor Hugo et Charles Nodier.

L'auteur de *la Fée aux Miettes* avait une telle renommée de bonhomie, que Francis dirigea d'abord ses pas de ce côté.

Un soir donc, il se rendit à la bibliothèque de l'Arsenal, s'annonçant comme

[1] M. Fortoul, ministre de l'instruction publique, vient tout récemment de nommer Francis Wey membre du Comité de la Langue, de l'Histoire et des Arts de la France.

un Bisontin de la connaissance de Charles Weiss, l'ami du poëte.

Ce fut ainsi qu'il pénétra dans ce salon, où l'on possédait si bien l'art de délier les langues et de persuader aux étrangers qu'ils étaient pourvus de tout l'esprit dont on les éblouissait.

A l'arrivée de Francis, Nodier devisait avec sa famille réunie.

Le jeune Franc-Comtois reçut le plus aimable accueil.

Il était là, babillant depuis trois heures au coin du feu, lorsque le maître de la maison s'avisa tout à coup de lui demander:

— Çà, mon cher ami, comment vous appelez-vous?

La question provoqua une hilarité générale ; mais tout s'arrangea pour le mieux. Francis apprit que son père et le bon académicien étaient amis d'enfance.

— Je lisais jadis mes premiers essais à votre grand-père, lui dit Nodier. Je lui ai servi de bâton de vieillesse ; vous serez le mien.

Charles Nodier se proclamait le chef des indépendants de la littérature.

Toujours il resta fidèle à ce rôle. Il accueillit les romantiques en qualité de rebelles, et, sur ce point, l'école classique lui garda perpétuellement rancune.

Quant à l'autre école, qui ne put réussir à faire du poëte ni un séide, ni un enthousiaste aveugle, elle se souvint mieux de quelques boutades ironiques échappées à l'humoriste après la victoire, que des services rendus par l'écrivain à la veille du combat.

Cette répugnance à parquer sa pensée dans un bercail littéraire tient sans doute à la sauvagerie du caractère franc-comtois.

Elle contribua longtemps à isoler Nodier, et nous voyons que, depuis, elle a laissé Francis Wey dans une position analogue. Aucun clan ne peut, à bon droit, revendiquer deux auteurs, absolument dédaigneux de tout, hormis de la forme.

Pour justifier sa paresse, le célèbre bibliothécaire improvisait une véritable doctrine philosophique.

Il soutint, bien avant Louis Lherminier, que les paresseux sont la réserve de la France

Mais, tout en isolant le poëte, son individualisme lui a permis de frayer avec toutes les sectes, de coudoyer toutes les coteries, de flâner sur tous les terrains, d'écouter aux portes de toutes les écoles, et ces communions blanches à travers tous les cultes, où fut convié Francis à l'heure des débuts, exerça sur son esprit et sur ses idées une action légèrement dissolvante.

En effet, la société de l'Arsenal rassemblait les éléments les plus disparates.

L'esprit y régnait à l'état de maladie aiguë.

Sous ce prétexte, la politique, les tartines parlementaires et ceux qui les pétrissaient étaient bannis de la maison. Les ennuyeux passaient au second plan, fussent-ils pairs de France, académiciens, ou même millionnaires.

Dans les premières années du règne de Louis-Philippe, on rencontrait sur ce terrain neutre les gens les plus opposés par la direction de leurs idées.

C'étaient Ballanche et Jouffroy avec le phalanstérien Considérant; le royaliste Michaud avec l'astronome Mauvais, qui rêvait la république; Frédéric et Jean-Baptiste

Soulié, que l'on a fait si souvent frères, et qui se connaissaient à peine ; l'un (le Soulié gauche), attaché au *Courrier-Français*, l'autre (le Soulié droit), promettant des articles à *la Quotidienne*.

Bordelais spirituel et grand diseur de bons mots, Jean-Baptiste n'avait qu'une antipathie, M. Dupin aîné.

Un jour, il termina une tirade contre lui par ces mots, articulés avec flegme :

— Enfin, je le verrais se noyer, que je ne lui offrirais pas un verre d'eau !

On lui savait à Paris un ancien condisciple, qui passa, un beau jour, de vie à trépas, et l'on crut devoir prendre quelques précautions pour lui annoncer la mort de ce camarade, qui se nommait Persil.

— Il aura mangé du perroquet, répondit tranquillement Jean-Baptiste.

Au nombre des plus assidus visiteurs de l'Arsenal, il faut signaler aussi Alfred de Musset et Dupaty, Amaury Duval et Delacroix, Gigoux et Dauzat.

Les contrastes abondaient.

Dupaty, à cette époque, entrait à l'Académie, de préférence à Victor Hugo. Charles Nodier lui-même avait vu passer avant lui M. Dupin aîné et M. Jay.

Ne pas confondre avec l'inventeur du *Jayotype*.

Sans barbe encore et déjà célèbre, Victor Hugo comptait parmi les intimes du cercle. Il accompagnait la famille Nodier, quand on allait à Vincennes ou à Meudon dîner à la guinguette.

Le grand poëte avait l'air si jeune, qu'un jour, arrêté par des gendarmes, il se vit menacé de la prison, s'il n'ôtait de sa boutonnière un ruban rouge, dont le port est interdit aux collégiens.

Victor avait aggravé la situation, en soutenant avec une certaine vivacité ses droits, qui semblaient chimériques.

Il fallut le témoignage de Nodier pour convaincre les gendarmes et tirer d'affaire l'enfant sublime.

C'était, du reste, un enfant d'un fort bel appétit.

La première fois qu'il dîna chez le bibliothécaire académicien, il se comporta en si bon convive, que madame Nodier lui adressa des félicitations.

— Oh! madame, dit le jeune homme avec candeur, je me gênais un peu; mais je mangerai bien plus quand je vous connaîtrai davantage!

A l'Arsenal, on causait, on lisait des vers, on dansait, on chantait au piano.

Mais, soit qu'on fût à l'émotion des mélodies, au quadrille, à la lecture, au jeu, ou à la médisance, qui allait grand train, dès que Nodier se rapprochait d'un groupe et prenait la parole, tout était interrompu.

Le cercle se grossissait autour de ce délicieux conteur, et le silence devenait profond.

Chacun retenait son souffle pour ne rien perdre de l'exquise harmonie de ses discours, et les heures passaient inaperçues, jusqu'au moment où une bassinoire, emmanchée d'une servante, traversait sans cérémonie le salon, et où madame Nodier, armée d'un bougeoir, articulait avec une autorité magistrale :

— Allons, Titi, le lit est chauffé ; tu diras le reste dimanche prochain.

Narquois, mais docile, Titi se levait, parcourait de son œil bleu le cercle attentif encore, laissait tomber quelques mots charmants, donnait sa main souple et maigre à qui voulait la prendre, et disparaissait.

Pendant dix ans, Francis Wey hanta cette heureuse maison. Nodier l'avait pris en amitié fort vive et le dirigeait dans ses études.

Chez l'auteur de *Trilby*, notre héros, cédant à la force de l'exemple, ne pouvait manquer de devenir bibliomane.

Ayant à peine de quoi dîner, il achetait des livres chez Techner, et Techner lui faisait crédit sur sa bonne mine. Cela dura jusqu'à concurrence d'une somme de trois cents francs, que le bouquiniste, un beau matin, réclama tout à coup à Francis, dans un billet plein de politesse...

Consciencieux et probe comme un vrai Franc-Comtois qu'il est, Wey court chez Techner.

— Je n'ai pas d'argent, lui dit-il d'un air contrit. La littérature persiste à ne m'en point donner.

— Mais votre famille?

— Hélas! elle fait comme la littérature!

— Diable! murmure entre ses dents le bouquiniste.

— Écoutez, dit Francis, trouvez-moi une place... n'importe laquelle. Je suis prêt à scier du bois, à faire des commissions, que sais-je?... tout ce qu'il vous plaira, pourvu que je conserve mes livres et que je gagne de quoi vous payer...

Notre libraire le prend au mot.

Il l'expédie avec une lettre de recommandation chez Aimé Martin, auteur illustre de la génération passée.

Francis trouve celui-ci vêtu d'une splendide robe de chambre et coiffé d'un foulard jaune.

— C'est à merveille, lui dit ce galant homme après avoir lu la lettre. Techner vous recommande; je vous prends à mon service. Ayez soin demain, en arrivant, de ranger toutes ces paperasses et de balayer proprement mon cabinet.

Wey s'incline et sort.

— Mais, monsieur, dit la cuisinière à son maître, ce jeune homme-là n'est point fait pour une telle besogne. Il est de mon pays, je le connais ; sa famille est une des plus honorables de Besançon.

— Bah ! s'écrie l'auteur au foulard jaune.

Francis arrive le lendemain ; il lui demande :

— Pourriez-vous écrire sans fautes sous ma dictée ?

— Oui, monsieur.

— Corrigeriez-vous bien des épreuves?

— Parfaitement.

— Et des épreuves latines?

— J'ai fait toutes mes classes. Si vous le désirez, je puis même corriger du grec.

— Vraiment!... Prenez donc un fauteuil!... Mais j'imprime aussi des livres moyen âge. Vous reconnaissez-vous dans les vieux manuscrits?

— Je suis élève de l'École des chartes.

— Mais alors ce Techner est absurde! s'écrie Aimé Martin. Pourquoi diable m'expose-t-il à vous faire affront? Recevez, je vous prie, toutes mes excuses.

Charles Nodier arrive là-dessus par hasard, et Wey raconte l'histoire de sa dette.

Aimé Martin rougit comme un coupable, lorsqu'il entendit Nodier tutoyer Francis, le traiter en camarade, et faire de son érudition les plus grands éloges. Renouvelant ses excuses au jeune homme, il lui proposa de traduire deux volumes de *fabliaux*, pour la publication desquels Girardin donnait cinq mille francs.

Wey gagna quinze cents francs en un mois, paya Techner et lui acheta des bouquins pour le reste de la somme.

Nous avons dit que l'illustre bibliothécaire de l'Arsenal dirigeait Francis dans ses études littéraires.

Charles Nodier, de temps à autre, ne manquait pas de lui donner, en outre, quelques-unes de ces leçons délicates, enveloppées de louanges, et si utiles à celui qui savait les entendre.

Lorsqu'on s'y méprenait, on était perdu dans l'esprit du poëte.

Un soir, Chaudesaigues s'écrie, en quittant le cercle :

— Allons, voici onze heures ; je vais tailler ma plume et gagner mes cinquante francs avant de me coucher.

— Comment ! riposte Nodier, avec l'humilité d'un pauvre honteux, vous gagnez cinquante francs, le soir, avant de vous endormir ?... Moi, je travaille toute la journée pour gagner trente sous.

Le pis de la chose, c'est que l'homme aux cinquante francs racontait lui-même l'anecdote, ainsi que la suivante :

Chaudesaigues se glorifiait avec un orgueil un peu vulgaire de certains sentiments inspirés en haut parage.

Nodier, l'éducation, la distinction, la grâce même, lui dit avec finesse :

— Mon cher enfant, vous êtes un heureux fripon ! Quand j'avais votre âge, on m'appelait dans le grand monde le Faublas des cuisinières.

Francis Wey ayant, un jour, en élève

trop docile, apporté à l'Arsenal quelques pages où il s'était efforcé d'imiter le style du maître, Nodier, sans lui faire une morale sur la sottise des pastiches, se contenta de lui dire :

— Ce que vous m'avez remis ne doit pas être bon, car, au premier moment, je l'ai cru de moi.

On comprend tout ce que gagnait notre jeune écrivain à cette intimité avec un monde dont rien aujourd'hui ne nous offre l'image. Toutefois il avoue lui-même qu'il ne dût son bonheur qu'à un hasard puéril.

Ignorant l'existence du Mont-de-piété, Francis avait conservé un habit noir.

Ce gai danseur, au retour des soirées de

l'Arsenal, travaillait jusqu'au matin, se couchait ensuite, et ne quittait plus ses draps jusqu'au soir, dans la crainte de rencontrer l'appétit dans la rue.

L'époque était aux systèmes.

On voyait naître le néochristianisme et l'école fouriériste, au souffle de Gustave Drouineau et des saint-simoniens. La fondation de *la Phalange* procura à Wey l'occasion d'ouvrir le recueil par deux ou trois articles satiriques, d'un goût bizarre.

Ils étaient signés du pseudonyme Hazaël.

Bien que le phalanstère eût vu le jour à Besançon, notre héros ne fut point ébloui par cette doctrine. Le dogme chrétien l'avait cuirassé contre les innovations, et l'art avait toutes ses sympathies.

Cependant il fut très-assidu aux soirées de Considérant, rue Jacob.

Wey abusait de la *papillonne* pour présenter cent objections burlesques et enlever au prêche sa gravité. Continuellement il demandait des révélations et s'appliquait à fournir des documents statistiques sur le *Grand Omelettier*.

Nos lecteurs désirent peut être quelques détails relatifs à ce haut personnage culinaire.

Fourier prétend qu'aux jours heureux de l'application de son système, quinze cents personnes viendront concourir, dans une vaste prairie, à qui fera la meilleure omelette, ajoutant que le vainqueur sera proclamé Grand Omelettier et aura plus d'orgueil de ce titre qu'Alexandre de ses victoires.

Or, Francis, très-compatissant de sa nature, s'apitoyait sur les travaux gastriques de l'examinateur, forcé, pour juger *ex professo*, de manger lui-même quinze cents bouchées d'omelette. Il calculait combien de centaines d'œufs il aurait consommées; il s'informait de la distribution du comestible et du nombre des poules mises en réquisition.

Devant ses arguments railleurs, les utopies phalanstériennes trébuchaient et se cassaient le nez.

Parfois les apôtres du fouriérisme daignaient descendre des sublimes élévations de leur doctrine.

Un journal d'Amérique ayant publié quelques articles à propos d'Herschell et de la lune, Considérant les fit lire à ses collaborateurs, et presque aussitôt ces messieurs organisèrent dans *la Phalange* cette mystification délicieuse, à laquelle furent pris la France, l'Europe et le monde entier.

La première livraison des *Découvertes de sir J. Herschell dans la lune* eut pour auteurs Francis Wey, Victor Considérant et Raymond Brucker.

Ces messieurs, qui sortaient de l'École

polytechnique ou de l'École centrale, possédaient parfaitement le jargon de la science.

Toutes les descriptions géologiques sont l'œuvre de Francis Wey.

On lui doit cet épisode si gravement burlesque des *Cérémonies nuptiales* chez les Lunariens, chapitre reproduit par tous les journaux, et qui servit de thème à dix romans et à trois gros vaudevilles [1].

De plus, comme ayant trouvé le ton le plus congruent à la matière, Francis fut

[1] Vers la même époque, Francis Wey recueillit dans nos vieilles provinces toute une adorable série de chansons de village, qui ont été enlevées par le théâtre, calquées, imitées par les compositeurs, parodiées dans les opéras, et qui ont inspiré plus d'un jeune poëte.

chargé de refondre le travail de ses collègues, et ce livre, qui n'avait guère moins de 300 pages, fut écrit, revu, imprimé, broché, et mis en vente dans la huitaine.

A la prière du rédacteur en chef, on garda le secret de cette collaboration.

— Comme il vous plaira, dit Francis; mais vous êtes mal inspirés. Pour la première fois, on prend une de vos bouffonneries au sérieux, et vous renoncez à vous en faire honneur!

Le mot sembla rude.

Extrêmement chagrin du scandale occasionné par la funeste *papillonne* de son camarade, Considérant lui dit :

— Que faudrait-il faire pour se débarrasser de toi?

— Mon Dieu! rien n'est plus simple, répondit Francis. Supprime dans nos réunions les échaudés et le vin chaud, tu ne me reverras plus.

Il venait là, chaque soir, avant dîner, et se dispensait de souper ensuite.

Le retentissement de la mystification sur la lune ouvrit à notre héros les colonnes de *l'Europe littéraire*, où il publia une série d'articles, d'après des dessins d'architecture, rapportés, disait-on, de deux villes anciennes, retrouvées sous les forêts vierges du Mexique.

A quelle forêt se fier!

L'Europe littéraire, qui s'imaginait très-sérieusement élever des *canards*, tomba du plus haut des nues, lorsqu'elle fut contrainte de s'avouer la sincérité de l'œuvre et la réalité du fait. Le travail de Francis Wey agita les orientalistes, et donna même lieu à une scène fort plaisante entre l'un d'eux et notre jeune auteur, à propos d'un ibis mexicain qui avait la queue en trompette.

Comme cette histoire fait partie de ce qu'on nomme les *scies* d'atelier, comme il faut un volume pour la raconter dans tous ses détails, et trois heures pour la dire, nous avons le regret de la passer sous silence.

Wey, d'ailleurs, a imaginé bon nombre

de ces sortes d'historiettes, qu'il débite avec un sang-froid réjouissant.

Nous pouvons citer, entre autres, celle de l'abbé casuiste, qui refuse, en esprit de mortification, de manger de la bécasse à table, s'enorgueillit de sa victoire, et, par cela même, se voit réduit à l'humiliation d'en manger deux fois... pour mortifier la mortification.

Les premières relations de Francis Wey avec Victor Hugo datent de l'époque où il publia *les Villes mexicaines*. Le grand poëte corrigeait, dans la même imprimerie, les épreuves de *Claude Gueux*.

Admis au cénacle de la place Royale.

Francis avait l'air si jeune, qu'un soir madame Hugo lui demanda s'il suivait les cours de Charlemagne.

Vers cette époque, M. de Girardin fondait *la Presse*.

Victor Hugo lui dit :

— Croyez-moi, si vous voulez réussir, mettez la littérature au premier plan, et ne comptez pas sur le charme des discours de MM. Glais-Bizoin, Fulchiron, Isambert et consorts.

Hugo stimula Francis Wey, lui conseilla d'écrire un roman pour *la Presse*, et se chargea de lire lui-même, dans le salon de madame de Girardin, *les Enfants de la marquise de Ganges*, œuvre de son jeune compatriote.

Le succès de ce livre fut spontané, franc, populaire.

Procédant à peu près comme au théâtre, l'auteur avait dramatisé les descriptions et opposé les effets entre eux, chapitre par chapitre. Il terminait chaque feuilleton par une péripétie, afin de tenir en suspens l'intérêt de ses lecteurs.

On se mit aussitôt, de toutes parts, à couler dans le même moule une quantité prodigieuse d'œuvres littéraires, et l'on peut dire que Francis est le Christophe Colomb du roman-feuilleton.

Son livre fut signalé par Gérard de Nerval [1], dans un article du *Monde dramatique*, comme le plus beau début qui se fût produit depuis dix ans, et le vicomte de Launay crut devoir interrompre ses *Courriers* pour ne point laisser languir l'impatience du public.

Le Théâtre-Français envoya ses entrées à Francis, en lui demandant un drame, et les libraires s'enquirent de sa demeure.

Il eut un nom du jour au lendemain.

Mais, chose étrange! il laissa passer la

[1] Francis Wey devint, avec Eugène de Stadler, le plus intime ami de ce pauvre Gérard.

veine sans la mettre à profit, sans paraître même la soupçonner.

Pendant les années suivantes, il ne donna qu'une série de petites nouvelles dans la *Revue de Paris*. Ces nouvelles ont pour titre : *la Balle de plomb*, — *le Diamant noir*, — *Madame de Fresnes* ou *la Recherche de l'impossible*, — *Ottavio Rinuccini*, — et *un Amour d'enfance*.

Dans *le Siècle* parut *le Chevalier de Marsan*; dans *la Presse* furent publiés *le Sphinx* et *les Deux Masques de fer*.

Laissant ensuite de côté toute espèce de sujets d'invention, Francis Wey se chargea de la critique des livres dans la feuille de Girardin. Durant quinze mois il écrivit une revue hebdomadaire vigoureuse, mordante et surtout paradoxale.

Son successeur à *la Presse* est aujourd'hui l'illustre Paulin Limayrac, ce Tom Pouce de la critique, dont la taille et les appréciations littéraires sont juste à la même hauteur.

En quittant le journal d'Émile, Francis Wey fut appelé au *Globe*, puis au *Courrier Français*, où il fut chargé des Beaux-Arts et du Salon.

Ce genre de travail lui convient à merveille, parce qu'il a beaucoup vu.

De 1837 à 1842, il visita la Bretagne,

la Belgique, la Hollande, la Normandie, la Provence, une portion de l'Italie et la Suisse. Ses voyages pédestres et économiques avaient fait école. On lui demandait des itinéraires, des devis, des méthodes. Il publia, vers 1841, après *les Pochades normandes*, ses voyages dans le midi de l'Italie et en Sicile (2 volumes in-8°), sous ce titre obscur et ambitieux : *Scilla e Cariddi.* A la suite venait *l'Oberland.*

On s'aperçut alors qu'il avait transformé sa manière, acquis un style et pris place parmi les écrivains amoureux de la forme. Six mois après, Gautier publia son *Voyage d'Espagne*, où l'on signale beaucoup d'inspirations issues du *Voyage de Sicile.*

Ainsi donc Francis Wey renonçait complétement au genre qui lui avait donné le succès.

Plus tard, il confessa la cause de son apparente oisiveté.

Sous la tunique du triomphateur, un anonyme avait glissé le renard, en notant toutes les fautes contre la langue, dont fourmillaient *les Enfants de la Marquise.*

L'élève de Poligny n'avait jamais songé à la grammaire ni au danger de ne pas la connaître.

Il a caractérisé lui-même la honte qu'il éprouva de son ignorance, en disant :

« Je crus découvrir que j'étais infecté de la gale. »

Sourd aux louanges accordées à son œuvre, oubliant ses intérêts et dédaignant de mettre à profit la fortune, Wey se replongea dans l'étude pendant quatre années entières.

Ce dévouement exclusif à l'art, ce respect de soi-même et du public ne sont pas, il faut l'avouer, des sentiments ordinaires. Outre sa plume, Francis Wey n'avait alors pour ressource qu'un modeste traitement de six cents francs comme archiviste.

Il lut deux grammairiens, puis cinq puis dix, et leur stupidité l'étonna.

Possédant, comme paléographe, la clef des vieux idiomes, il remonta le cours des siècles, reprit *ab ovo* les choses de la philologie, et reconnut que les grammaires françaises, fondées sur des erreurs absurdes, sont inutiles, sinon nuisibles.

A l'aide des origines, il renversa la plupart des règles acceptées, et retrouva, dans les traditions antérieures à l'Académie, les véritables moyens d'apprendre notre langue.

Ce fut immédiatement après ces études qu'il fit paraître *Scilla e Cariddi.*

Ce livre annonce un conteur plein d'humour. La nature y est peinte avec netteté.

Le coloriste s'y révèle, et l'œuvre est semée de légendes grecques, qui ont un délicieux parfum d'antiquité.

Son *Étude sur la langue française*, publiée à propos de la *Grammaire romane* de Fallot, étonna Charles Nodier et frappa si vivement M. Villemain, alors ministre, qu'il fit appeler l'auteur.

Il lui conseilla de quitter la littérature pour l'enseignement.

Wey lui témoigna le désir d'être chargé, par le ministère, d'écrire l'histoire de la langue française.

— Je ne puis vous confier ce travail, lui répondit Villemain, parce que je le refuse tous les jours à des membres de l'Académie.

— Monsieur le ministre, répondit Francis, il faut le leur commander. Ce livre manque à notre littérature.

— Impossible! Ils ne savent pas le français.

— Alors?...

— Mais si je vous le donne, ils vont crier.

— C'est juste. Je le ferai sans eux, monsieur le ministre, et sans vous!

Notre héros a tenu parole.

S'étant marié peu de temps après, et trouvant moyen, dans une vie plus régulière et mieux ordonnée, de poursuivre ses longues et sérieuses études, il travailla sept années entières sans trêve ni relâche, et publia chez Firmin Didot son livre intitulé : *Remarques sur la langue française, sur le style et la composition littéraire.*

Charles Nodier, durant ses derniers jours, avait feuilleté le manuscrit de son élève. Observant avec surprise qu'il pensait autrement que lui presque en tout point :

— Tes ouvrages sur la langue, dit-il,

auront un succès plus général que les miens.

En effet, le livre se répandit très-vite en France et à l'étranger.

Conçu d'après la méthode du père Bouhours et de Vaugelas, il battait en brèche toutes les grammaires, substituant les leçons de la pratique des lettres vivantes aux théories vagues et incertaines de la rhétorique universitaire.

La croix de la Légion d'honneur fut envoyée à Francis Wey pour cet ouvrage.

Depuis cinq ans, notre studieux philologue a été distrait de ses travaux par les fonctions de président de la Société des gens de lettres, qu'il vient de résigner, après les avoir accomplies avec un zèle inusité jusque-là.

Les services qu'il a rendus, tant à l'association qu'à ses confrères, sont nombreux.

Accueillant les jeunes littérateurs avec une cordialité fraternelle, il a pris cette maxime pour règle de conduite:

« Faisons pour eux tout ce que nous voudrions qu'on eût fait pour nous. »

La Société des gens de lettres, compromise par des imprudences politiques, où des énergumènes l'avaient entraînée, traversa sans encombre les mauvais jours, grâce à la prudence de son pilote.

Il rouvrit pour elle au ministère la caisse des encouragements.

Ses démarches, ses requêtes, ses mémoires, ses relations étendues dans le monde officiel ont amené l'abolition du timbre sur les revues littéraires et scientifiques, ainsi que la suppression du même impôt sur le roman-feuilleton.

Francis Wey porte très-haut le sentiment de la dignité des lettres.

Tout ce qui risque de les faire déroger le trouve d'une sévérité inflexible. S'il n'a pas réussi, pendant sa présidence, à faire de la société qu'il dirigeait une institution digne, solide, impérissable, c'est qu'un tel but, ainsi qu'on le verra dans une biographie prochaine, est absolument impossible à atteindre.

Après le renversement du trône de Juillet, notre héros composa certains écrits politiques, dont ses ennemis ont essayé plusieurs fois de se faire une arme.

Elle s'est émoussée entre leurs mains.

Dans son *Manuel des droits et des devoirs*, Francis Wey pose les principes de la liberté véritable, et ce livre, de page en page, arrive à être la satire la plus acérée des républicains du jour, tels qu'ils se montraient aux affaires.

Philosophe candide, Wey frappe à droite et à gauche avec un désintéressement manifeste.

L'horreur des secousses, qui font surgir des émeutiers fort laids et des braillards parlant très-mal, résume ses opinions.

Du reste, il revint très-vite à la littérature.

La *Revue contemporaine* publia de lui une étude curieuse, intitulée *William Hogarth*, ou *Londres il y a cent ans*.

C'est une sorte de voyage rétrospectif, exécuté à travers l'Angleterre du dix-huitième siècle, en prenant pour guide l'œuvre du peintre original, du caricaturiste profond, qui a si bien buriné son époque avec ses ridicules et ses mœurs.

Francis Wey traversa la Manche, afin de se livrer à Londres à des recherches approfondies pour écrire ce livre.

Son séjour en Angleterre nous a valu un second ouvrage qui a pour titre *les Anglais chez eux.*

Aimant à se prendre corps à corps avec les difficultés de son art, Francis essaya du théâtre. Il présenta une comédie en cinq actes au Théâtre-Français.

Stella, reçue avec acclamation par le comité, réussit fort médiocrement sous la rampe.

Le mérite du style avait fait illusion sur la froideur de l'ensemble. Complétement étranger à la scène, l'auteur ne sut ni choisir ses acteurs, ni les empêcher, aux répétitions, de désorganiser la pièce.

Mitraillé par les journaux avec une violence rare, il répondit dans une préface assez verte.

Quoi qu'il en soit, cette comédie avait une valeur de fond et d'opportunité si réelle, que sans cesse on la refait depuis sa chute. C'est toujours l'honneur et l'argent, l'ambition et le cœur, mis aux prises sous toutes les formes et sous tous les titres.

Il nous reste à signaler deux romans de notre écrivain : *Fanchette Frandon* et *le Bouquet de cerises*, où l'on trouve de la réalité sans laideur et des paysans qui parlent sans marivaudage.

Le Bouquet de cerises est incontestablement le meilleur des écrits d'imagination sortis de la plume de Francis Wey. Il semble s'être donné pour tâche de placer une action sous le chaume, d'après des procédés entièrement contraires à ceux de madame Sand. Les journaux ont constaté par une multitude d'articles le succès de ce dernier livre. M. de Pontmartin y a signalé le mérite d'un maître, qui vient donner des exemples après avoir donné des préceptes.

Francis Wey marche à son but avec lenteur; mais en même temps avec persévérance.

Il se préoccupe moins du public que de ses confrères, sur la plus jeune génération desquels ses écrits ont exercé de l'influence, et qui l'applaudissent en le voyant battre en brèche, tout à la fois, les vieilleries académiques et le côté faux ou exagéré de la nouvelle école.

Ce littérateur laisse aller au vent ses écrits, et montre une singulière négligence lorsqu'il s'agit de leur publication.

Jamais il n'a su traiter commercialement avec les libraires.

Il rougit quand il faut parler d'argent.

Abandonnés à qui veut les prendre, ou compromis par des éditeurs infimes, ses ouvrages, on peut le dire, sont presque inédits pour la plupart. En dehors de ses confrères et du monde vraiment lettré, son nom n'a pas acquis toute la notoriété à laquelle il a droit.

C'est un écrivain à l'ancienne marque.

Son orgueil friand et gourmet rêve quelques suffrages d'élite, et ne poursuit rien au delà.

Toutefois, son dernier livre, publié par Firmin Didot, en 1848, complète un ensemble imposant de travaux philologiques, présentés avec un art merveilleux et des formes de style qui ne pouvaient être méconnus.

L'*Histoire des révolutions du langage en France* obtint de la presse périodique d'unanimes éloges, en ce qu'il comble une des lacunes les plus regrettables de nos chroniques littéraires, tout en dissimulant la sécheresse du sujet sous une lecture facile et attrayante

C'est, à proprement parler, une histoire de la civilisation française et des mœurs, édifiée à l'aide des monuments écrits et déduite de l'observation des métamorphoses de la langue. Plein d'exemples, de citations rares et piquantes, d'analyses d'ouvrages curieux et inédits du moyen âge, l'œuvre contient, en outre, une histoire complète de la grammaire.

Francis Wey a vu son nom se répandre avec éclat en Écosse, en Russie et en Allemagne.

Seulement, en France, patrie du monopole et des préjugés administratifs, un ouvrage si essentiel aux études, si utile à tous les âges, n'a pu conquérir encore l'accès des lycées et des écoles spéciales.

L'auteur n'appartient point au corps universitaire.

Tout s'explique ainsi.

Un pédant crotté, quand notre philologue sera mort, abrégera le livre en le défigurant, et se fera de belles rentes avec les dépouilles du défunt, sous le patronage du monopole et de la maison Hachette.

C'est à la tristesse de ces perspectives

que faisait sans doute allusion Gérard de Nerval, lorsqu'il nous disait un jour :

— Si Wey mourait, on ferait au moins trois académiciens avec sa peau.

FIN.

2co586

Monsieur & cher ami,

L'importante affaire s'est réduite à peu de chose, il s'agissoit de déchiffrer un fragment de manuscrit pour Mr Villemain. On m'a remercié par procuration, avec beaucoup de cérémonie.

Quant à la publication du Philippe de Mazières, il n'y faut plus penser. Le Ministre a soumis la proposition à deux rapporteurs: l'un ne veut que des pièces relatives à la Ligue; l'autre, un Mr Auguis, m'a dit. — A quoi bon publier ce livre? On ne le connaît pas du tout.

Comment résister à un si beau raisonnement!

Bref, les lettres ont été encouragées en ma personne, dans qu'il m'en coute plus d'une semaine de travail & de courses inutiles. Je me tiens donc pour satisfait, & vous prie d'agréer, mon bien cher ami, l'hommage de mes fidèles sentiments

Francis Wey

(Cette lettre est adressée à Mr CHARLES NODIER)

Imp. Lith. de V. Janson, rue Dauphine 18

VIENT DE PARAITRE

HISTOIRE-MUSÉE

DE LA

RÉPUBLIQUE FRANÇAISE

DEPUIS

L'ASSEMBLÉE DES NOTABLES JUSQU'A L'EMPIRE

PAR

AUGUSTIN CHALLAMEL

ACCOMPAGNÉE

DES ESTAMPES, COSTUMES, MÉDAILLES, CARICATURES, PORTRAITS HISTORIÉS ET AUTOGRAPHES LES PLUS REMARQUABLES DU TEMPS

TROISIÈME ÉDITION

Le succès qui a accueilli les deux premières éditions de ce livre pourrait, à la rigueur, nous dispenser d'entrer dans de nouvelles explications sur l'intérêt des matières qu'il traite et sur l'importance des nombreux documents qu'il contient; mais il nous a semblé qu'il ne serait pas hors de propos aujourd'hui de dire quelques mots sur la pensée de l'auteur, sur le plan qu'il a suivi et sur les motifs qui doivent faire, à notre avis, désirer en ce moment une réimpression de cet ouvrage.

L'*Histoire-Musée de la République française* n'est pas, à proprement parler, une histoire de la République, c'est-à-dire un récit plus ou moins détaillé des événements publics groupés et appréciés suivant la passion politique, le système ou l'école philosophique de l'auteur; elle n'est pas non plus, comme on pourrait le penser, un simple recueil de documents, plutôt fait pour les écrivains que pour les lecteurs; elle tient à la fois de ces deux genres de livres; plus impartiale et moins solennelle que les narrations des historiens, en ce qu'elle se borne, la plupart du temps, à exposer les circonstances dans lesquelles se sont produits les lettres, les dessins, les emblèmes, les caricatures, dont elle retrace et conserve l'image exacte comme autant de monuments des luttes des partis, elle est moins sèche aussi et plus instructive qu'une simple collection de pièces, parce que, en guidant le lecteur par un récit rapide des faits qui relient entre elles ces productions si diverses de l'esprit français pris sur le fait dans le moment où la surexcitation des passions de parti lui donne l'essor le plus énergique, elle met l'observateur intelligent à même d'en déduire des enseignements utiles.

On pourrait dire que l'*Histoire-Musée de la République française* est la chronique du mouvement quotidien de l'esprit français pendant la Révolution.

Quant à l'opportunité du moment choisi pour cette réimpression, nul ne contestera qu'elle ne saurait se produire plus à propos que dans ces temps de calme si favorables à la méditation, ces temps où les esprits sérieux aiment à chercher dans l'étude impartiale du passé la raison d'être du présent et la leçon de l'avenir.

CONDITIONS DE LA SOUSCRIPTION

L'*Histoire-Musée de la République française*, par Augustin Challamel, formera deux volumes grand in-8 jésus.

350 gravures sur acier et sur bois, dessinées et gravées par les meilleurs artistes, illustreront cet ouvrage, qui sera publié en 72 livraisons à 25 cent., et en 12 séries brochées à 1 fr. 50 cent.

Chaque livraison contiendra invariablement 16 pages de texte, avec gravures, plus *deux gravures* sur acier ou sur bois, tirées à part, ou une gravure et un autographe.

Prix de la livraison, 25 centimes

LES PREMIÈRES LIVRAISONS SONT EN VENTE

ON SOUSCRIT A PARIS

CHEZ GUSTAVE HAVARD, LIBRAIRE-ÉDITEUR

RUE GUÉNÉGAUD, 15

Et chez tous les Libraires de la France et de l'Étranger.

www.ingramcontent.com/pod-product-compliance
Ingram Content Group UK Ltd.
Pitfield, Milton Keynes, MK11 3LW, UK
UKHW020302220726
13923UKWH00002B/991